2. Lesestufe

Leopé

Fußballgeschichten

Mit Bildern des Autors

Mildenberger Verlag

Ravensburger Buchverlag

Bibliografische Information der Deutschen Nationalbibliothek:

Die Deutsche Nationalbibliothek verzeichnet diese Publikation
in der Deutschen Nationalbibliografie.
Detaillierte bibliografische Daten sind im Internet
über http://dnb.d-nb.de abrufbar.

7 8 9 10 11   E D C B A

Ravensburger Leserabe
© 2010 für die Originalausgabe
Ravensburger Buchverlag Otto Maier GmbH

© 2012 für die Ausgabe mit farbigem Silbentrenner
Mildenberger Verlag GmbH, Postfach 20 20, 77610 Offenburg
und Ravensburger Buchverlag Otto Maier GmbH
Postfach 18 60, 88188 Ravensburg
Umschlagbild: Leopé

Konzeption Leserätsel: Dr. Birgitta Redding-Korn
Design Leserätsel: Sabine Reddig

Printed in Germany
ISBN 978-3-619-14355-9
(für die Ausgabe im Mildenberger Verlag)
ISBN 978-3-473-38544-7
(für die Ausgabe im Ravensburger Buchverlag)

www.mildenberger-verlag.de
www.ravensburger.de
www.leserabe.de

Inhalt

William kommt — 4

Die doofe Frau Keller — 14

Die goldene Torwand — 24

Lisa, der Fußballstar — 33

Leserätsel — 40

William kommt

„Ab heute", sagt der Trainer,
„spielt William bei uns mit."
Die Kinder gucken neugierig.
„Seid nett zu ihm,
er spricht nur wenig Deutsch."

„Hauptsache,
er kann Fußball spielen",
sagt Nadja zu Theo.

Bald zeigt sich:
William spielt hervorragend.

„Der hat ja Tricks drauf!",
staunt Nadja.
„Stimmt", sagt Theo.
„Wie der dribbelt!
Und jeder Schuss ein Treffer."

Nach dem Training
erklärt der Trainer:
„Das Spiel übermorgen
müssen wir unbedingt gewinnen.
William wird vorne spielen
und die Tore schießen.
Nadja spielt außen
und Theo hinten.
Alles klar?"

Die Spieler nicken.
„Okay, dann bis Samstag",
sagt der Trainer.
„Und seid pünktlich!"

Theo ist sauer.
Bisher spielte er vorne,
und Nadja gab ihm die Pässe.
Auf dem Heimweg schimpft Theo:
„Dieser William nervt!"
„Und wie", grummelt Nadja.

Missmutig traben Theo und Nadja
am Samstag auf den Platz.
Kurz darauf ist Anpfiff.

Nadja spielt William nicht an,
und Theo will ihn nicht sehen.
Doch William schnappt sich
den Ball, trickst alle aus
und schießt das 1:0.

Etwas später verliert
einer ihrer Abwehrspieler
den Ball vorm eigenen Tor.
William eilt herbei.

„Was machst du da?", ruft Theo
und drischt auf den Ball.
Der Ball knallt gegen William
und prallt unhaltbar ins eigene Tor.
Zur Halbzeit steht es 1:1.

Der Trainer schimpft:
„Theo, Nadja,
ihr sollt William anspielen."
„Wer hat denn das Eigentor …",
mault Theo.

„Schluss!", donnert der Trainer.
„Und William, du spielst vorn."

In der zweiten Halbzeit
reißt Theo sich zusammen.
Er spielt den Ball nach vorne.
William nimmt ihn, dribbelt
und knallt ihn ins Netz: 2:1.

Etwas später
passt Nadja zu William,
der schießt: 3:1!
Sofort rennt Nadja zu William
und umarmt ihn vor Freude.

Kurz vor Abpfiff
macht William sogar das 4:1.
„Gewonnen!", jubelt Theo
und klopft William auf die Schulter.

Der Trainer läuft herbei und ruft:
„William, sehr gut!
Theo und Nadja,
eure Pässe waren 1a."

William schaut Theo und Nadja an
und nickt anerkennend.
„Danke", murmelt Theo.
Plötzlich hat er eine Idee.

„Wie wär's?", fragt er William.
„Ich helfe dir, Deutsch zu lernen.
Dafür bringst du uns
deine Tricks bei!"
„Okay", sagt William
und alle lachen.

Die doofe Frau Keller

„Heute holt euch Frau Keller
von der Schule ab",
sagt Mama zu ihren Zwillingen.
„Die?", rufen beide entsetzt.
„Ja, ich muss zum Zahnarzt",
erklärt die Mutter.
„Frau Keller ist doch nett."

„Von wegen", jammert Jakob.
„Die guckt immer so grimmig."
„Stimmt", ergänzt Kai,
„außerdem sieht sie aus
wie eine Wäscheton…"

„Schluss jetzt!", schimpft die Mutter.
„Frau Keller holt euch
nach dem Schulmittagessen ab.
Und ihr benehmt euch anständig."

Während der Schule
macht Kai ständig üble Witze
über Frau Keller.
Und Jakob malt ein böses Bild.

Punkt 15 Uhr betritt Frau Keller
das Klassenzimmer.
„Hallo, ihr beiden!", ruft sie
und tippt Jakob auf die Schulter.

Frau Keller sieht das Bild.
„Nicht gerade schmeichelhaft",
meint sie, „aber gut getroffen."
Jakob errötet.

Doch Frau Keller lacht.
„Los, Jungs!", sagt sie
und wirft einen Fußball hoch.
„Jetzt zeigt mal, was ihr könnt!"

Kurz darauf
drischt Frau Keller
auf den Ball.
Kai haut ihn zurück,
so stark er kann.

Aber Frau Keller stoppt ihn
geschickt mit der Hacke
und macht allerlei Kunststücke
mit ihm.

„So!", ruft Frau Keller,
„jetzt spielt ihr gegen mich!
Wenn ich verliere,
bekommt ihr ein Eis.
15 Minuten. Ich stoppe die Zeit."

„Die hat null Chancen",
flüstert Jakob.
„Los, fegen wir sie weg",
schmunzelt Kai.

Die Brüder legen los wie der Teufel.
Aber Frau Keller
steht immer goldrichtig.

Wenn sie den Ball einmal hat,
kassieren die Jungen ein Tor.
Schnell steht es 7:4 für Frau Keller.

Kurz vor Schluss
geht Frau Keller die Puste aus.
Sie steht nur noch vor ihrem Tor.

Jakob zieht ab. 7:5.
Danach schießt Kai das 7:6.
Gerade als Frau Keller
„Ende" ruft, trifft Jakob erneut.
„7:7", jubelt Kai.
„Unentschieden!"

„Aber nur, weil ich platt bin",
keucht Frau Keller.
„Als ich vor zwei Jahren
die 2. Frauenmannschaft
trainiert habe,
war ich noch fit. Aber jetzt …"

„… gibt's Eis!", ruft Kai.
Frau Keller nickt.
„Spielen wir morgen wieder, Jungs?
Ich muss was für meine Figur tun."

Kai zwinkert und Jakob sagt:
„Klar, Lust auf Eis haben wir immer!"

Frau Keller lacht.
Während alle ihr Eis schlecken,
sagt sie: „Seid euch eures Sieges
bloß nicht so sicher.
Wenn ich erst mal
ein paar Kilos runterhabe,
seht ihr alt aus."

Die goldene Torwand

Joschi will heute auf dem Sportfest
die goldene Torwand gewinnen.
„Leon ist krank", sagt Iken.
„Das ist deine Chance."

Leon ist ein Jahr älter
und spielt schon im Verein.
Aber er hänselt Joschi immer.

Joschi trägt sich in die Liste ein.
Da ruft jemand:
„Du kannst gleich einpacken,
ich mach auch mit."

Joschi fährt herum.
Es ist Leon.

"Ich dachte, der ist krank",
murmelt Joschi.
"Das dachte ich auch", sagt Iken.
Joschi schluckt.

Der Wettkampf beginnt.
Joschi gewinnt das erste Duell.
Auch seinen zweiten Gegner
besiegt er klar.

Der dritte kommt gar nicht.
„Ohne Gegner
gewinnt es sich leicht",
stichelt Leon frech.

Nach zwei weiteren Runden
ist Joschi fast am Ziel.
Der Schiedsrichter ruft:
„Im Endspiel treten an:
Leon Berg gegen Joschi Neuer!"

Joschi beginnt.
Er legt sich den Ball zurecht.
„Pass auf, dass du nicht
drüber stolperst", spottet Leon.

Joschi tritt an …
und haut total daneben.
„Na, du blindes Huhn",
zischt Leon.

Joschis Beine fühlen sich an
wie Wackelpudding.
Deshalb verschießt er auch
die nächsten zwei Bälle.

Jetzt ist Leon dran.
Er trifft bei drei Schüssen einmal.
„1:0 für Leon. Nun oben",
sagt der Schiedsrichter.

Iken reicht Joschi Ohrenstöpsel.
„Was ist denn das?",
fragt er.
„Stopf dir die in die Ohren",
sagt Iken. „Meine Mama
nimmt sie immer beim Schlafen.
Ich habe ihr gerade neue besorgt.
Nun mach schon!"

Joschi stopft sich die Ohrenstöpsel
in die Ohren.

„Vorsicht", stichelt Leon,
„du brichst dir noch den Fuß."
Aber Joschi kann ihn nicht hören.
Aus dem Fußgelenk hebt er
den Ball gekonnt ins obere Loch.

„Einer geht immer", nölt Leon.
Joschi hört wieder nichts –
und trifft zum zweiten Mal.
Jetzt ist Joschi ganz sicher.
Er zielt genau
und trifft zum dritten Mal.

Nun ist Leon an der Reihe.
Er schießt dreimal daneben.
Der Schiedsrichter ruft:
„3:1 für Joschi NEUER!"

„Wie bitte?", fragt Joschi
und zieht die Ohrenstöpsel heraus.
„Du hast gewonnen!", ruft Iken.
„Ich weiß", sagt Joschi und lacht.
„Ich hab zwar nichts gehört,
aber gesehen hab ich alles."

Lisa, der Fußballstar

„Schau mal", sagt Lisa
und gibt ihrer Mutter ein Ticket.
„Ehrenplatz für ein Endspiel
im DFB-Pokal!",
ruft die Mutter erfreut.
„Eure Mannschaft hat also
das Turnier gewonnen."

„Ja", sagt Lisa. „Und ich habe
das entscheidende Tor geschossen."
Ihre Mutter staunt. „Wow!"

Lisa zappelt aufgeregt
hin und her.
„Wir dürfen sogar
eine der beiden Mannschaften
vor Anpfiff aufs Feld begleiten."

„Gratuliere", sagt ihr Vater.
„Dann sehe ich dich also
bald im Fernsehen.
Lisa, unser Fußballstar!"

Lisa schluckt.
Im Fernsehen?
Daran hat sie nicht gedacht.

Acht Wochen später ist es so weit.
Die Eltern sitzen gespannt
vor dem Fernseher.

„Die Kulisse ist umwerfend",
sagt der Reporter.
„Und hier kommen
die Mannschaften."

Jeder Spieler
der beiden Mannschaften
führt ein Kind
an der Hand ins Stadion.

„Wo ist Lisa?", fragt der Vater
und rutscht nach vorne.
„Da ist sie doch!", ruft die Mutter.

Plötzlich ist Lisa
ganz groß im Bild.
Unauffällig zwinkert sie
in die Kamera.

Dann geht sie
mit erhobenem Kopf weiter.

Einen Tag später holen die Eltern
ihre Tochter vom Bahnhof ab.
Der Vater gibt Lisa ein Päckchen.
„Was ist das?", fragt Lisa.
„Eine DVD vom Endspiel",
sagt ihr Vater.
„Du bist auch drauf. Ganz groß,
wie ein richtiger Fußballstar!"

Super, du hast das ganze Buch geschafft!
Hast du die Geschichte ganz genau gelesen?
Der Leserabe hat sich ein paar spannende
Rätsel für echte Lese-Detektive ausgedacht.
Wenn du Rätsel 4 auf Seite 42 löst,
kannst du ein Buchpaket gewinnen!

Rätsel 1

In jedem Satz fehlt ein Wort. Wenn du dir
nicht sicher bist, lies auf den Seiten noch mal nach!

1. Theo ist ☐☐☐☐☐☐. Bisher spielte er vorne. (Seite 7)

2. Punkt 15 Uhr betritt Frau ☐☐☐☐☐☐☐ das Klassenzimmer. (Seite 16)

3. Leon ist ein ☐☐☐☐ älter und spielt schon im Verein. (Seite 24)

Rätsel 2

Der Leserabe hat einige Wörter aus der Geschichte auseinandergeschnitten. Immer zwei Teile ergeben ein Wort. Schreibe die Wörter auf ein Blatt!

Heim-   -star   -Klassen
   -zimmer   Wackel-
Fußball-   -pudding   -weg

Rätsel 3

Der Leserabe hat sich ein Quiz ausgedacht! Kannst du die Fragen beantworten? Schreibe die Antwort in die Kästchen.

1. Was bekommt Lisa von ihrem Vater geschenkt?
☐☐☐

2. Was spielen Jakob und Kai mit Frau Keller?
☐☐☐☐☐☐☐

3. Wie oft trifft Joschi beim Torwandschießen?
☐☐☐☐☐☐☐

Lösungen
Rätsel 1: sauer, Keller, Jahr
Rätsel 2: Heimweg, Wackelpudding, Fußballstar, Klassenzimmer
Rätsel 3: DVD, Fußball, dreimal

Rätsel 4

Beantworte die Fragen zu den Geschichten. Wenn du dir nicht sicher bist, lies auf den Seiten noch mal nach!

1. Was tut Nadja, als William das 3:1 schießt? (Seite 11)
   T: Sie umarmt ihn vor Freude.
   R: Sie klatscht anerkennend.

2. Warum holt Kais und Jakobs Mutter sie nicht von der Schule ab? (Seite 14)
   U: Weil sie noch einkaufen muss.
   O: Weil sie zum Zahnarzt muss.

3. Was will Joschi auf dem Sportfest gewinnen? (Seite 24)
   R: Die goldene Torwand.
   L: Den goldenen Pokal.

Lösungswort: ☐☐☐

Rabenpost

Super, geschafft!

Jetzt ist es Zeit für die Rabenpost.
Wenn du das Lösungswort herausgefunden hast,
kannst du tolle Preise gewinnen!

Gib es auf der Leserabe Website ein
▶ www.leserabe.de,
mail es uns ▶ leserabe@ravensburger.de

oder schick es mit der Post.

Lösungswort:

An
den LESERABEN
RABENPOST
Postfach 2007
88190 Ravensburg
Deutschland

Leichter lesen lernen mit der Silbenmethode

Durch die Kennzeichnung der einzelnen Silben in Rot und Blau lernen Kinder leichter lesen. Das gelingt so:

- Die einzelnen Wörter werden in Buchstabengruppen aufgeteilt. Diese kleinen Gruppen sind leichter zu erfassen als das ganze Wort.
- Die Buchstabengruppen sind ganz besondere Einheiten: Sie zeigen die **Sprech-Silben** an, den Schlüssel, um ein Wort richtig lesen und verstehen zu können.

Zum Beispiel können bei dem Wort „Giraffe" auch die ersten drei Buchstaben „Gir" als Gruppe gelesen werden: Gir - af - fe. Das könnte dann der Name einer besonderen Affenart sein.

Mit den farbigen Silben dagegen werden sofort die richtigen Buchstabengruppen erkannt: **Giraffe**. Beim Lesen ergibt sich automatisch der richtige Sinn: Es ist das Tier mit dem langen Hals gemeint.

Dadurch lesen alle Leseanfänger leichter und besser – und auch die nicht so starken Leser können schneller Erfolge erzielen.

Die farbigen Silben helfen aber nicht nur beim Lesen, sondern auch bei der **Rechtschreibung**. Der Leseanfänger nimmt von Anfang an die Silbengliederung der Wörter wahr – und kann so die richtige Schreibweise ableiten.

Die original Mildenberger Silbenmethode wird seit über einem Jahrzehnt an vielen Grundschulen unterrichtet und führt bei Kindern nachweislich zu schnellerem Leseerfolg.

Weitere Informationen zur Silbenmethode auf:
www.silbenmethode.de